Escritura

Para redactar bien todo tipo de textos

Este cuaderno pertenece a:

El cuaderno **Escritura 3** de la serie **Entrénate** es una obra colectiva concebida, diseñada y creada por el Departamento de Ediciones Educativas de Santillana Educación, S. L., dirigido por **Teresa Grence Ruiz**.

En su elaboración ha participado el siguiente equipo:

TEXTO
Mónica Sánchez Pérez

ILUSTRACIÓN
Miguel Díaz Rivas

EDICIÓN EJECUTIVA
Carmen Ríos Collantes de Terán

DIRECCIÓN DEL PROYECTO
Maite López-Sáez Rodríguez-Piñero

Presentación

ENTRÉNATE es una colección de cuadernos para la etapa de Primaria cuyo objetivo es desarrollar y reforzar las destrezas lingüísticas y matemáticas básicas: ortografía, escritura, cálculo y operaciones, y razonamiento.

Los **cuadernos de escritura** están organizados en **tareas** de cuatro páginas, de carácter competencial, que los alumnos y alumnas podrán realizar de manera autónoma. Las tareas tienen un **eje temático** de interés para las edades a las que van destinadas y se estructuran en **etapas** que pueden resolverse de forma independiente en unos 20 minutos.

Las primeras etapas de cada tarea incluyen una gran variedad de actividades:

- práctica de **caligrafía y rotulación**
- ejercicios de **vocabulario**
- entrenamiento de las **habilidades básicas** de escritura: concordancia, puntuación, coordinación de oraciones...

Este trabajo ayudará a los niños y niñas a enfrentarse con éxito a la etapa final, en la que tendrán que componer un **texto** a partir de un modelo o unas indicaciones.

En este cuaderno se propone la redacción de doce **tipologías textuales diferentes** sobre temas relacionados con situaciones de la vida real.

Las respuestas a las actividades están recogidas en un **solucionario** independiente, destinado a los docentes o tutores.

Con **ENTRÉNATE**, los niños y niñas sabrán comunicarse por escrito de forma correcta al terminar la Educación Primaria.

Índice

Me preparo para escribir

¿Para qué escribo?

En el colegio

En casa

¿Qué material necesito?

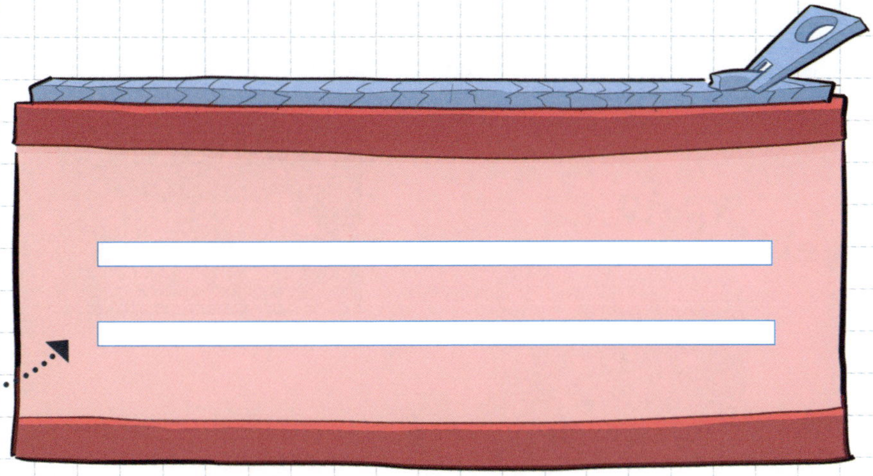

¿Qué tengo que mejorar?

La caligrafía

Esta es mi letra.

Esta

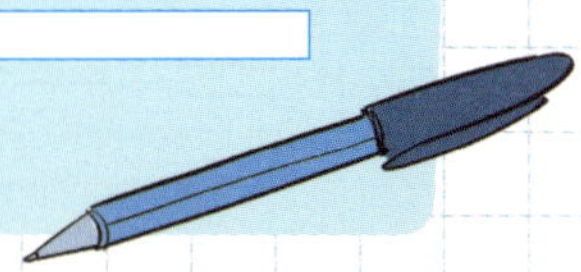

El vocabulario

- ◯ Conozco el significado de muchas palabras.
- ◯ Sé formar palabras.
- ◯ Utilizo sinónimos y antónimos.

La organización del texto

- ◯ Sé formar oraciones con sentido.
- ◯ Uso palabras y expresiones como *primero, después, por último...*
- ◯ Utilizo el punto y seguido y el punto y aparte.

La ortografía

¿Tienes muchas faltas?

◯ Sí ◯ No

Tienes que mejorar todo lo que no has marcado.

Grandes y pequeños

Tarea 1

- **Observa y completa la ficha.**

12 m

Nombre: braquiosaurio

Peso: toneladas

Altura:

Extremidades: cuatro patas

muy fuertes con garras

Cola:

Cuello:

Cabeza:

- **¿Qué significan sus nombres?**

gallimimus

oviraptor

carnotauro

ladrón de huevos — toro carnívoro — imitador de gallinas

- **Dibuja un dinosaurio, inventa su nombre y explica qué significa.**

Se llama

Su nombre significa

Mundo jurásico

- **Subraya el predicado de estas oraciones y sustitúyelo por otro que tenga el mismo significado. Fíjate en el ejemplo.**

El alosaurio era carnívoro.

El alosaurio comía carne.

El apatosaurio era herbívoro.

Los dinosaurios eran ovíparos.

- **Explica el significado de las palabras destacadas en esta oración. Después, escribe otro significado diferente de cada una.**

Muchos dinosaurios de cuello largo podían llegar a las **copas** de los árboles para comer sus **hojas**.

copa ›

hoja ›

Las **palabras polisémicas** son las que tienen varios significados.

- **¿Qué sentirías si estuvieras al lado de este dinosaurio? Fíjate en su aspecto y explica.**

Los restos

- Lee el texto y copia, con buena letra, cada oración en su lugar.
  - La lava y las cenizas lo cubrieron todo.
  - Esto sucedió hace millones de años.
  - El polvo que levantó el meteorito tapó el sol.

LA EXTINCIÓN DE LOS DINOSAURIOS

Según algunos científicos, un meteorito gigante chocó contra la Tierra.

Empezó a hacer mucho frío y los dinosaurios murieron.

Otros creen que varios volcanes entraron en erupción al mismo tiempo.

Además, el humo impidió que los rayos del sol calentaran el planeta.

- Observa este fósil de albertosaurio y explica cómo crees que era su aspecto.

Elaboro una ficha

- **Lee el texto y anota la información más importante en la ficha. Tienes un modelo de ficha en la primera etapa.**

El tiranosaurio

El tiranosaurio fue el carnívoro más feroz que existió sobre la Tierra. Su nombre significa «lagarto tirano». Era muy grande: medía unos cinco metros de alto y trece de largo, y pesaba alrededor de ocho toneladas.

Tenía una cabeza enorme, de la altura de una persona; una cola muy pesada, con la que mantenía el equilibrio; y cuatro extremidades con garras muy afiladas.

Era un animal bípedo, es decir, caminaba solo sobre dos patas. Sus patas traseras eran mucho más grandes que las delanteras.

Se alimentaba de otros animales, a los que devoraba con sus fuertes mandíbulas y sus afilados dientes. ¡Un tiranosaurio tenía entre cincuenta y sesenta dientes del tamaño de una cabeza humana!

Escribe el **nombre** del dinosaurio.

Divide la ficha en **apartados**: aspecto físico, alimentación, desplazamiento...

Escribe la información de forma breve.

En el campo

Tarea 2

- Imita la letra y copia el cartel.

- Completa libremente.

No hay que ensuciar el campo porque ______________________

____

- ¿Qué hay en este paisaje?

- ○ playa
- ○ lago
- ○ cascada
- ○ flores
- ○ embarcadero
- ○ barca
- ○ montañas
- ○ rocas
- ○ bosque
- ○ puente

- Escribe oraciones sobre el paisaje anterior utilizando estas expresiones.

al fondo | en medio | cerca de

____

____

____

Actividades al aire libre

- Rodea el monitor en cada foto y copia los dos significados de esta palabra.

A Instructor en una actividad deportiva o cultural.

B Pantalla en la que salen imágenes y datos.

- Utiliza estos marcadores temporales y escribe qué hacen estos niños.

Por la mañana

A mediodía

Por la tarde

- ¿Qué actividades te gusta hacer al aire libre?

Escribe una **coma** para separar entre sí las actividades que menciones.

Nuestra ruta

- **Lee y sigue el camino para llegar desde el aparcamiento hasta el embarcadero.**

La ruta del embarcadero

Al bajar del autobús, dirígete al comienzo del camino y gira a la izquierda. Después, coge el segundo sendero a la derecha y sigue recto hasta que llegues al lago. Una vez allí, rodea el lago por la derecha hasta llegar al embarcadero.

Marca el camino desde el embarcadero hasta el castillo y explica el recorrido.

Desde el embarcadero ______________________

____

____

____

- **Completa con palabras colectivas.**

rebaño | ramo | bosque | caserío

Las **palabras colectivas** son las que, en singular, designan a un grupo de animales, personas o cosas.

En el ______________ vimos árboles muy diferentes.

Recogimos flores para hacer un ______________

Junto al lago había un ______________ de vacas.

El pastor vive en un pequeño ______________

Escribo una postal

- Imagina que has ido de excursión al lago y escribe una postal para contarles a tus abuelos cómo lo has pasado.

Empieza con un **saludo** cariñoso y termina con una **despedida**.

Escribe sobre la excursión.

No te olvides de **firmar** la postal.

Escribe el **nombre** y la **dirección** de tus abuelos.

Los castillos

- **Busca en el diccionario el significado de las palabras que no conozcas y completa.**

muralla | reyes | foso | torres | enemigos | edificio | fortificado

Un castillo es un ______ donde vivían los ______, los caballeros y sus familias. Tenía una ______, varias ______ y un ______, que solía estar lleno de agua. Era un lugar ______ para proteger a sus habitantes del ataque de los ______

- **Observa y explica para qué crees que servían estas estancias del castillo.**

______

______

______

¿Qué otras estancias puede haber en un castillo?

______

Damas, caballeros y bufones

- **Elige un personaje y descríbelo usando algunos de estos adjetivos.**

En las **descripciones** hay que utilizar **adjetivos**.

el bufón

serio alegre
gracioso simpático
valiente duro

el caballero

____

____

- **Completa la retahíla con las palabras subrayadas.**

En algunas **retahílas** se repiten palabras de forma encadenada.

La plaza tiene una torre,
la torre tiene un balcón,
el balcón tiene una dama,
la dama, una blanca flor.

Ha pasado un caballero
—¡quién sabe por qué pasó!—
y se ha llevado la plaza,
con su ______ y su ______,
con su ______ y su ______,
su ______ y su blanca ______.

Escribe la historia de la retahíla como si fuera un cuento y termina con una de las siguientes fórmulas u otra que tú sepas.

Y colorín, colorado,
este cuento se ha acabado.

Y fueron felices
y comieron perdices.

Érase una vez ______________________________

____

____

La fiesta medieval

- Copia el texto con buena letra para preparar la invitación.

Yo, el rey, os invito a una fiesta en mi castillo.

- Lee de dónde vienen los invitados y completa.

Los **gentilicios** indican de dónde es una persona. Se forman con los sufijos -ino/-ina, -es/-esa, -eño/-eña...

Yo vengo de Granada.

Él es granadino.

Yo soy de León.

Ella es

Yo nací en Cáceres.

- Observa y explica qué pasó en la fiesta.

1

2

3

Escribo el final de un cuento

- **Lee. Después hazte estas preguntas y termina de escribir el cuento.**

¿Cómo se resolverá el problema?

¿Con qué fórmula acabarás el cuento?

El castillo del bosque encantado

Érase una vez un castillo muy pero que muy tranquilo, gobernado por una reina que tenía dos hijos.

Una mañana, mientras la reina estaba en sus aposentos, observó por la ventana que algo inmenso de color verde se acercaba. Alarmada, llamó a la guardia real y les ordenó defender el castillo.

El príncipe y la princesa lo escucharon todo y, lejos de asustarse, decidieron hacer unas palomitas y subir a la más alta torre. Rara vez se presentaba una ocasión como esta para disfrutar de una verdadera aventura y desde allí podrían ver todo lo que sucediera.

Poco después, llegó hasta las murallas un árbol enorme.

—Por favor, ¿alguien puede coger la pelota que se ha quedado atrapada en mi copa? —dijo con voz potente—. Es el único juguete de la hija del campesino y me gustaría devolvérsela.

—¿Y por qué no agitas tus ramas? —preguntó uno de los soldados desconfiado.

—Si lo hago, los pájaros se asustarán y sus nidos caerán al suelo.

¿Te gustaría dedicarte a escribir cuando seas mayor? ¿Por qué?

Repartimos el trabajo

Tarea 4

- ¿Qué hace cada uno? Inventa sus nombres y completa el cuadro de tareas.

NOMBRE	TAREAS
Pablo	

- Escribe la lista de tareas que hay que hacer en una casa. Después, señala las que puedes hacer tú.

No olvides poner una **raya** delante de cada elemento de la **lista**.

- ¿Has ayudado alguna vez a guardar la compra? Escribe el nombre de estos alimentos y del recipiente donde hay que ponerlos.

alimento ▶

recipiente ▶

Me encargo de reciclar

- Separa las palabras y copia con letras minúsculas. Recuerda que debes empezar con mayúscula.

¡RECICLOPARAMEJORARELMUNDO!

> Los **signos de exclamación** ¡ ! se escriben delante y detrás de algunas oraciones para darles fuerza.

- Explica cómo se puede reciclar una botella de plástico para fabricar una hucha. Utiliza estas expresiones que indican orden.

Primero | Después | A continuación | Por último

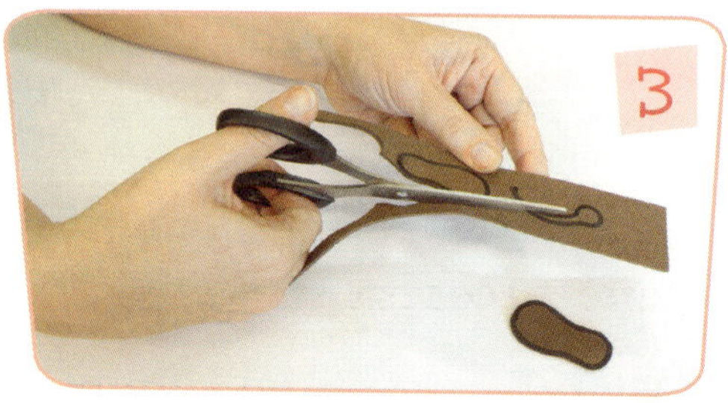

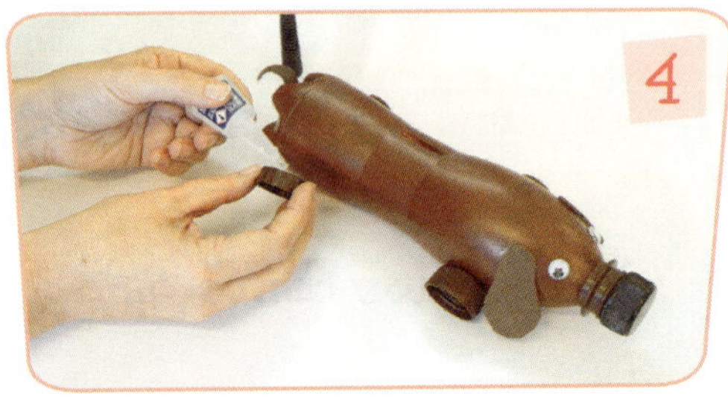

Cuido de mi perro

- **Imagina que este es tu perro y ayuda al veterinario a completar su ficha.**

Clínica veterinaria municipal

Nombre del animal: ____________

Especie: perro Raza: schnauzer

Fecha de nacimiento: ____________

Edad: un mes Peso: 750 g Talla: 15 cm

Dueño o dueña: ____________

Dirección: ____________

- **Completa con los datos de la ficha sin usar números ni abreviaturas.**

Mi perro pesa ____________ y mide ____________. Es muy pequeño: solo tiene ____________

- **Observa los consejos del veterinario y explica qué necesita tu perro.**

____

____

____

____

____

____

____

Escribo una receta

- ¿Te gustaría hacer un bizcocho con un familiar? Buscad en internet el vídeo de una receta y escríbela.

Escribe el **nombre de la receta**.

¡No olvides indicar las **cantidades**!

Ingredientes:

Elaboración:

Explica los **pasos** en orden.

- Seguro que el bizcocho os sale riquísimo. ¿Cómo lo decoraréis?

Me gusta cómo eres

Tarea 5

- ¿Qué adjetivos usarías para describir a estas personas?

- Sustituye las palabras destacadas por un sinónimo y copia con buena letra.

Los **sinónimos** son palabras que significan lo mismo.

robusto | moreno | delgado

Paco es más *flaco* que Julio.

Julio es el más *corpulento*.

Miguel tiene el pelo *oscuro*.

- Piensa en uno de tus amigos o amigas y escribe sobre su forma de ser.

Nos divertimos juntos

- **Observa y escribe la palabra que corresponde a cada definición.**

Pequeña cartulina rectangular, con dibujos, que se utiliza para jugar. ▶ ______

Asiento que hay en los parques para que se sienten varias personas. ▶ ______

¿Qué otro significado tienen las palabras que has escrito?

______ ▶ ______

______ ▶ ______

- **¿Qué hacen Elsa y Pepe? Escribe una oración en cada caso.**

Elsa ______

y ______

Elsa y ______

______

- **¿Qué te gusta hacer con tus amigos y amigas?**

______

______

Nos ayudamos

Los **signos de interrogación** se escriben delante y detrás de las preguntas.

- **Observa y escribe una pregunta en cada caso.**

- **¿Qué le ocurre a César? Imagina y escribe cómo le pasó.**

- **¿Qué hacen los amigos de César para ayudarlo? Escríbelo en dos oraciones.**

  - Manuel le lleva la mochila.
  - Luisa se queda con él en el recreo.
  - Luisa le ayuda a subir la escalera.
  - Manuel lo visita cada tarde.

Manuel le lleva ... y lo

Luisa

Escribo mi diario

- Piensa qué has hecho hoy con tus amigos y escribe la página de tu diario.

Querido diario:

Hoy

- ¿Te gustaría tener un diario? ¿Por qué?

El comedor

- En muchos restaurantes podemos encontrar esta señal. ¿Qué significa?

Observa la foto y explica qué es un perro guía.

- Utiliza estas expresiones y explica cómo es el comedor de este restaurante.

alrededor | sobre | al fondo

- ¿Qué dice el camarero? Inventa una pregunta para cada respuesta.

—

—Sí, ya sé lo que voy a pedir.

—

—Un revuelto de gambas y agua, por favor.

La cocina

- Explica qué profesión tiene esta persona, en qué consiste su trabajo y dónde lo realiza.

- La cocinera va a utilizar estos ingredientes. Escribe el nombre de varios platos que se pueden preparar con algunos de ellos.

- ¿Qué hay en una cocina? Escribe tres sustantivos en cada caso y no te olvides de los signos de puntuación necesarios.

electrodomésticos ➤

cubertería ➤

- La expresión «oído cocina» se escucha mucho en las cocinas de los restaurantes, pero también en otras situaciones. ¿Sabes qué significa?

- ◯ ¡Atención! Algo suena en la cocina.
- ◯ Lo he entendido y lo voy a hacer inmediatamente.

La carta

- **Lee la carta del restaurante y elige qué te gustaría tomar.**

RESTAURANTE LA CARABELA

Sopa de fideos .... 5 €
Ensalada mixta................. 4 €
Musaka .... 6 €
Revuelto de gambas .... 5 €
Pollo con patatas.............. 7 €
Merluza a la marinera ...... 7 €
Flan o helado .... 3 €
Fruta del tiempo .... 2 €

Primer plato

Segundo plato

Postre

¿Qué imagen hace referencia al nombre del restaurante?

- **Completa con estas palabras.**

especia — especie

Las **palabras parónimas** son las que suenan de forma parecida.

La musaka es una ______ de pastel de berenjena.

El pollo está aliñado con una ______ muy sabrosa.

- **Sustituye las palabras destacadas por una que signifique lo mismo y copia con buena letra.**

vegetarianas — carnívoras

Hay un menú para personas que no comen carne.

Cuento una experiencia personal

- ¿Recuerdas alguna ocasión en la que hayas ido con tu familia a un restaurante? Cuenta tu experiencia.

Di cuándo fuiste y con quién.

COMIDA FAMILIAR EN EL RESTAURANTE

Explica cómo era el restaurante.

Escribe qué comisteis.

Añade una anécdota o cualquier otra cosa que quieras contar.

Paso a paso

Tarea 7

- **Completa el cartel con esta oración. Escribe con buena letra.**

Caminar mejora tu salud y no contamina.

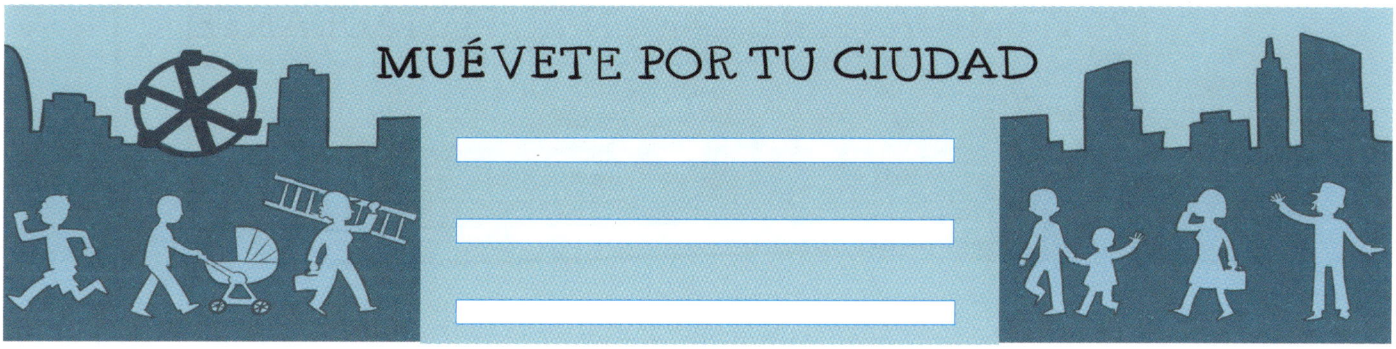

- **Explica cómo hay que cruzar la calle en cada caso.**

Con semáforo ›

Sin semáforo ›

- **Lee y marca el significado de la expresión destacada.**

- ◯ Todas las plazas están en Roma.
- ◯ Si quieres saber algo, pregúntalo.
- ◯ Siempre es mejor ir a Roma.

Coches, motos y bicicletas

- Observa el anuncio y escribe tres oraciones sobre este coche.

- Escribe una ventaja y un inconveniente de cada vehículo.

	bicicleta	moto
VENTAJAS +		
− INCONVENIENTES		

- Escribe consejos para viajar más seguros en coche, moto o bicicleta.

El transporte público

- Escribe el nombre de estos dos vehículos y explica en qué se parecen.

Se parecen en

Ahora explica en qué se diferencian.

- Seguro que alguna vez has visto este cartel en los autobuses. ¿Sabes qué significa? Explícalo sin usar la palabra reservados.

- Escribe sustantivos del campo semántico de los medios de transporte.

MEDIOS DE TRANSPORTE

Un **campo semántico** está formado por palabras de una misma clase que comparten parte de su significado.

Elaboro un cartel

- El humo de los coches y las motos ensucia el aire que respiramos. Prepara un cartel para animar a tus vecinos y vecinas a desplazarse por la ciudad en uno de estos medios de transporte.

en bicicleta

en autobús

Decide en qué parte del cartel colocarás cada cosa.

Escribe con **letras grandes** una frase para recomendar el uso del transporte elegido.

Escribe con **letra más pequeña** una o varias razones para convencer a la gente.

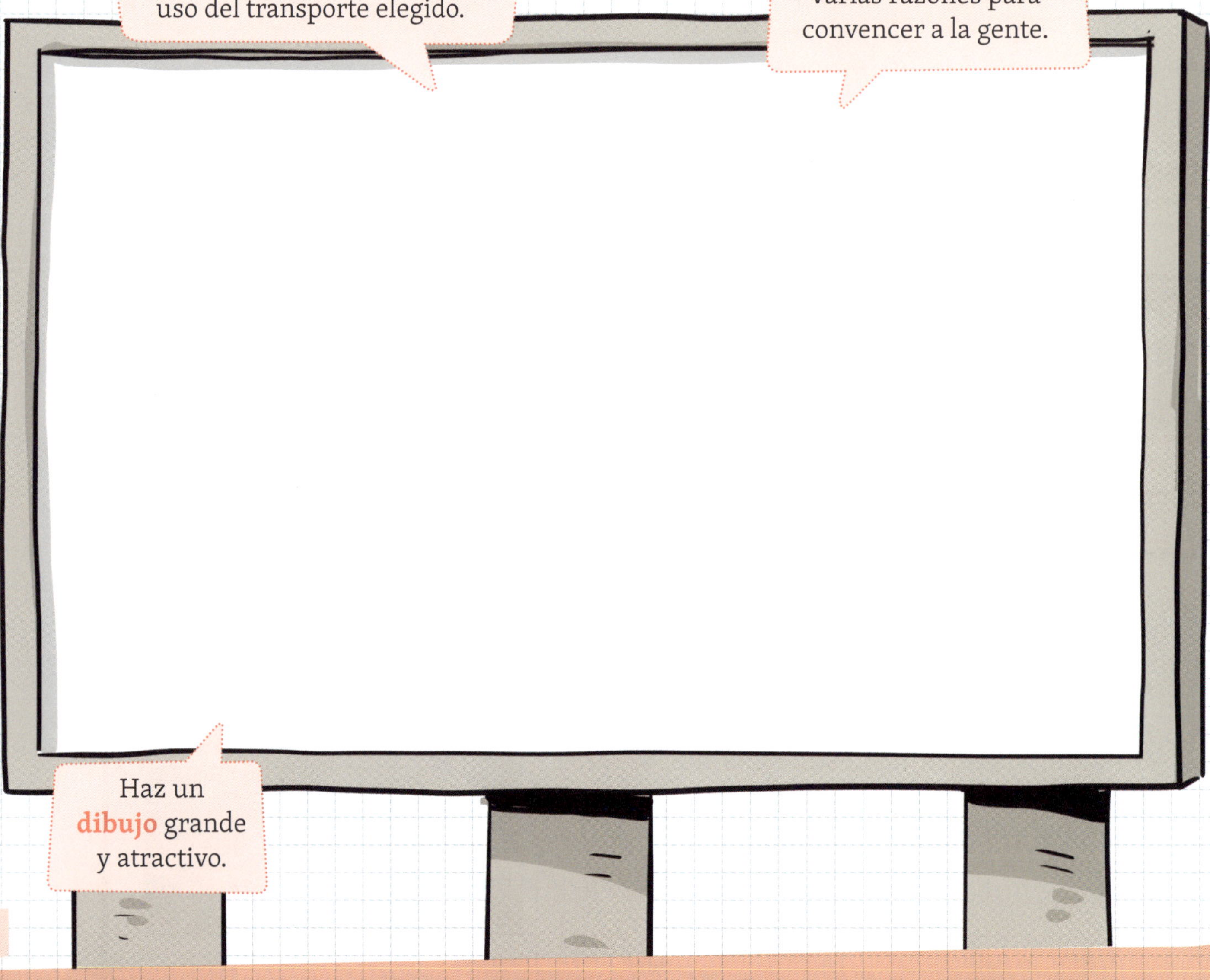

Haz un **dibujo** grande y atractivo.

La lucha contra el mal

Tarea 8

- Explica qué es un superhéroe.

¿Qué superhéroes y superheroínas conoces?

- Copia estas oraciones sustituyendo las palabras destacadas por sus antónimos para que sean verdaderas.

Los **antónimos** son palabras con significado contrario.

Los superhéroes luchan contra el **bien**.

Los superhéroes son **cobardes** y **egoístas**.

Sus **amigos** quieren acabar con ellos.

- Escribe un titular para esta noticia con letras mayúsculas.

Un **titular** es el título de una noticia.

A mediodía de ayer, el puente de Brooklyn se partió por la mitad cuando decenas de coches circulaban por él. Afortunadamente, los Cuatro Fantásticos se encontraban cerca. Con sus poderes, consiguieron sujetar y desalojar el puente en pocos minutos, evitando así que hubiera víctimas mortales.

Los superpoderes

- Ordena estas oraciones y escribe sobre el Hombre Araña.

Puede trepar por las paredes y detectar el peligro.

Peter Parker era un chico normal.

También utiliza una tela de araña creada por él.

Pero la picadura de una araña lo convirtió en Spiderman.

- Inventa una situación en la que la Mujer Elástica pueda usar sus poderes.

Puedo estirar mi cuerpo todo lo que quiera.

- ¿Qué superpoder te gustaría tener? Explica qué harías con él.

El traje de los superhéroes

- Inventa un nombre para estas superheroínas. Después explica en qué se parece y en qué se diferencia su vestimenta.

- Inventa un nombre para estos objetos y escribe qué poderes tienen.

La máscara

El cinturón

- Completa el diálogo con una exclamación y una pregunta.

—Escorpiomán, mira mi coraza nueva.

—Sí, es muy bonita. Y tiene superpoderes.

—Sirve para hacerme invisible.

Delante de las palabras que dice un personaje se escribe **raya**.

Escribo los diálogos de un cómic

- Lee la historia de Villana y completa el cómic con los diálogos de los personajes. Utiliza letras mayúsculas.

Los planes de Villana

Villana es una delincuente muy peligrosa, que acaba de escapar de la cárcel. Camaleónica ha seguido su rastro hasta una antigua discoteca. Dentro todo está oscuro hasta que, de repente, unas luces de colores empiezan a girar por la sala. Villana sabe que esas luces anulan los poderes de Camaleónica y las usa para apoderarse de la coraza de la superheroína. ¡Con ella podrá robar todo lo que quiera y la policía nunca la encontrará! Pero lo que Villana nunca pensó es que Escorpiomán acudiría a salvar a su amiga.

El parque de bomberos

- ¿Cómo se trabaja en el parque de bomberos? Completa con estas palabras.

centralita | bomberos | megáfono | emergencia | equipación

En el parque de bomberos hay una __________ donde se recogen las llamadas de __________. La persona que recibe el aviso da la voz de alarma a través de un __________. Inmediatamente los __________ se preparan para salir con la __________ necesaria.

- Describe cómo es este parque de bomberos. Usa estas expresiones.

abajo | a la derecha | arriba | a la izquierda

El parque de bomberos es muy grande.

La equipación

- ¿Qué herramientas utilizan los bomberos en su trabajo? Une.

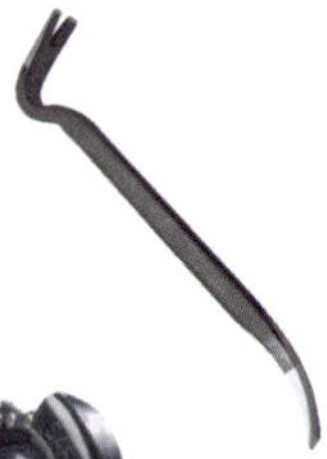

alicates | extintor
sierra | hacha
pala | palanca

- Observa y describe cómo es el traje de bombero.

La ropa que utilizan los bomberos es ignífuga.
Busca en el diccionario esta palabra y explica su significado.

- Fíjate bien en estos vehículos y explica para qué puede servir cada uno.

1. Camión grúa

2. Camión cisterna

1

2

Emergencias

- Ordena y escribe una oración.

el | de | 112 | es | teléfono | emergencias | El

- Observa las imágenes y escribe qué hay que hacer en caso de incendio.

1

2

3

- Lee y resume la noticia.

Rescate en las montañas asturianas

A las diez y media de la noche, el teléfono 112 recibió la llamada de una mujer. Alertaba de la desaparición de unos amigos que tenían la intención de regresar a las nueve y media, después de realizar una ruta por la montaña.

El 112 movilizó a los bomberos, que se adentraron en la montaña guiados por un pastor. A las cinco de la madrugada los servicios de emergencia comunicaron que habían encontrado a los excursionistas en una cueva, en perfecto estado de salud.

Resumir es contar algo de forma breve.

Escribo textos para un mural

- A este mural le faltan los textos. Observa las imágenes y escribe algo relacionado con ellas.

Escribe un **título** con letras bonitas.

La **información** que escribas debe ser clara y breve.

PRIMERA ETAPA

El equipaje

Tarea 10

- Observa y escribe la lista de las cosas que llevarías a la playa.

- Lee las definiciones y escribe una palabra derivada en cada caso.

Objeto para dar sombra. — sombra → ______

Parte del coche para guardar las maletas. — maleta → ______

- Observa el ejemplo y alarga la oración añadiendo adjetivos.

• Mi primo | mete su bañador | en la maleta | .

mayor — nuevo — roja

Mi primo ______ mete su bañador ______ en la maleta ______

• Necesito una bolsa | para meter el cubo | y la pala | .

______ ______ ______

______

______

Agua y arena

- Ordena estas palabras de dos formas distintas para formar oraciones.

No olvides empezar con **mayúscula** y terminar con **punto final**.

un castillo | Inés | de arena | después de comer | hizo

- Rellena esta inscripción para realizar una actividad acuática.

CLUB NÁUTICO BAJAMAR

Datos del solicitante

Nombre:

Dirección:

Edad: Teléfono de contacto:

Nombre del padre o de la madre:

¿Sabe nadar? Sí ○ No ○

Actividad en la que desea inscribirse:

 ○  ○  ○  ○

Nota informativa: para poder realizar la actividad es necesario presentar la autorización de los padres o tutores junto a la hoja de inscripción.

El chiringuito

- ¿Qué es un chiringuito? Explícalo con tus palabras. Si no lo sabes, puedes consultar el diccionario.

Un chiringuito es ____________________

____

¿Cómo es ese lugar? Rodea los adjetivos que usarías para describirlo.

agradable   ruidoso   limpio   tranquilo   incómodo

- Copia el texto imitando la letra de la pizarra.

- ¿Qué hacen las personas que están en el chiringuito? Observa y escribe.

- Los camareros ____________________

____

- El niño ____________________
- Los clientes que están en la mesa ____________________

____

Describo una escena

- Observa esta imagen y descríbela.

PLAYA LA MAREA

Describe cómo es la playa.

Escribe qué hay allí.

Explica qué hace la gente.

En la naturaleza

Tarea 11

- **Elige y escribe el pie de cada fotografía. Hazlo con buena letra.**

  - Erupción del volcán Etna.
  - Arco iris en las cataratas del Iguazú.

- **¿Cuándo se forma el arco iris? Utiliza estas palabras y explícalo.**

rayos
gotas
aire

- **¿Qué adjetivos usarías para describir este paisaje?**

arenoso extenso húmedo verde
llano seco ondulado frondoso

Completa con las palabras que has seleccionado.

El desierto del Sáhara es tan ______ que se puede ver desde el espacio. Es un terreno ______, ______ y ______

Grandes ciudades

- **Lee y escribe un título.**

Tokio es la capital de Japón. Al principio era un pequeño poblado de pescadores, pero hoy en día es la ciudad más grande del mundo y la que posee más habitantes. Es tan extensa que cada barrio tiene su propio alcalde o alcaldesa.

- **Ordena estos grupos de palabras para formar una oración.**

fueron construidas | las pirámides de Egipto

para enterrar a los faraones | hace miles de años

Ahora escribe la misma oración de otras dos formas diferentes.

1

2

- **Busca una palabra colectiva y explica qué significa.**

La Gran Muralla China mide más de veintiún mil kilómetros. Se construyó como medio de defensa ante el ejército enemigo.

¡Cuánta gente!

- ¿Qué nombre reciben las personas que viven en estos países? Escribe gentilicios.

España

China

Holanda

Brasil

Egipto

Australia

- Lee y explica de qué trata cada párrafo.

Un **párrafo** es una parte de un texto que termina en punto y aparte.

Párrafo 1: En África hay muy pocas ciudades. La mayoría de los africanos viven en aldeas, donde crían animales y cultivan lo necesario para alimentar a sus familias.

Párrafo 2: Algunas tribus africanas son nómadas: se desplazan de un lugar a otro y no tienen un lugar fijo para vivir. Los beduinos y los masáis viajan con sus rebaños en busca de pastos; los pigmeos y los bosquimanos se dirigen hacia lugares donde hay caza o frutos para recolectar.

Párrafo 1 ▸

Párrafo 2 ▸

Busca en el segundo párrafo del texto tres verbos que indiquen movimiento y escribe una oración con cada uno.

Escribo un texto informativo

- **Vas a escribir un breve texto sobre tu localidad.**

¿Dónde está?

¿Qué nombre reciben sus habitantes?

¿Cómo es?

¿Qué tiene de especial?

Puedes añadir otras cosas interesantes sobre ella.

Antes de escribir piensa de qué tratará cada párrafo.

Párrafo 1 ______

Párrafo 2 ______

Párrafo 3 ______

Ahora escribe el texto.

Ponle un **título**.

Haz un **dibujo** y escribe un **pie de foto**.

Escribe punto y aparte para separar los **párrafos**.

Una niña muy valiente

Tarea 12

Muchas preguntas empiezan con estas palabras: ***qué, cómo, dónde, por qué, cuándo, quién***.

- **Escribe una pregunta para cada respuesta.**

—¿

—Me llamo Malala Yousafzai.

—

—Nací en Pakistán, un país de Asia.

—

—Un día me dispararon cuando volvía del colegio, porque en mi país no está bien visto que las niñas estudien.

—

—Cuando me recuperé, viajé por muchos países para defender el derecho de todos los niños y niñas del mundo a ir al colegio.

- **Cuando Malala tenía 17 años, recibió el Premio Nobel de la Paz. Investiga en qué consiste ese premio y explícalo con tus palabras.**

- **Lee estas palabras de Malala. ¿A qué pluma se refiere?**

Escribe un sinónimo de la palabra profesor**.**

El inventor de la primera vacuna

- Ordena y copia con buena letra.

☐ Era médico e inventó la primera vacuna.

☐ Edward Jenner vivió hace 250 años.

☐ Su vacuna acabó con la viruela.

- Lee y contesta.

¿De qué palabra proviene vacuna?

¿Conoces otras palabras que se hayan formado a partir de vaca? Escríbelas.

- ¿Crees que el invento de Jenner fue importante? ¿Por qué?

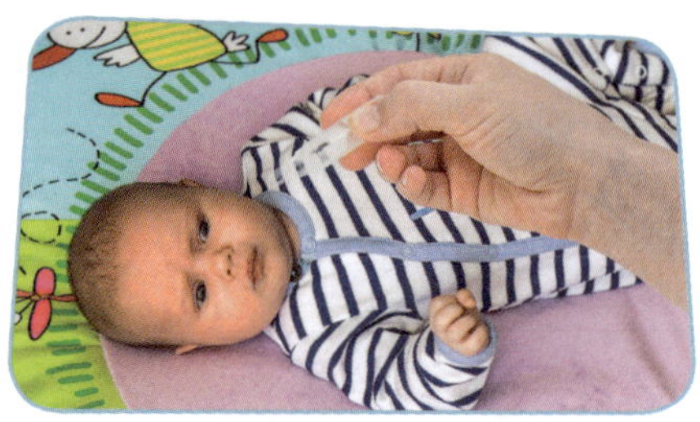

Escribe otros inventos importantes que conozcas.

Grandes artistas

- **Usa la información de las fichas y escribe los predicados de estas oraciones.**

MOZART

Mozart es uno de los grandes artistas de la música. Desde muy pequeño, tocaba el piano y el violín, y compuso más de 600 obras en su corta vida. Mozart murió con 35 años en Austria, el país europeo donde nació.

FRIDA KAHLO

Frida Kahlo es una gran artista mexicana. Pintó sus primeros cuadros cuando tenía 18 años, mientras se recuperaba de un grave accidente. Frida realizó cientos de autorretratos en los que aparecía rodeada de los animales con los que convivía.

Mozart y Frida Kahlo ____________________

Mozart ____________________ y Frida ____________________

Mozart ____________________ y ____________________

- **Lee y marca el significado de la expresión destacada.**

Para Mozart, componer óperas era **coser y cantar**.

○ Para Mozart era muy fácil componer música.

○ Mientras componía música, Mozart cantaba y cosía.

- **Describe este cuadro de Frida Kahlo.**

____

____

____

Preparo una entrevista

- Piensa en una persona que sea importante para ti. ¿Te gustaría saber más cosas sobre ella? Prepara una entrevista.

Entrevista a

Explica quién es y por qué es importante para ti.

Preguntas:

- Cuando tengas ocasión, entrevista a la persona que has elegido y formúlale tus preguntas. ¿Qué más sabes ahora sobre ella?

¡Sé escribir mejor!

¿Cómo he mejorado?

El vocabulario

He aprendido estas... NUEVAS PALABRAS

						N	
						U	
						E	
						V	
P	A	L	A	B	R	A	S
						S	

____

____

____

La caligrafía

He mejorado mi letra.

Los textos

Ahora mis textos...

- ◯ tienen pocas faltas.
- ◯ están formados por oraciones con sentido.
- ◯ tienen un vocabulario rico y adecuado.
- ◯ se entienden mejor.
- ◯ están bien presentados.

La ortografía

¿Qué signos sé usar bien?

¡ !   :   ¿ ?

.   ,   —

Dirección de arte: José Crespo González

Jefa de proyecto: Rosa Marín González
Proyecto gráfico: Julia Ortega Peralejo
Ilustración de cubierta: Javirroyo
Coordinación de ilustración: Carlos Aguilera Sevillano
Jefe de desarrollo del proyecto: Javier Tejeda
Desarrollo gráfico: Raúl de Andrés y Jorge Gómez

Dirección técnica: Jorge Mira Fernández

Coordinación técnica: Raquel Carrasco Ortiz y Jesús Muela Ramiro
Confección y montaje: Mercedes Barba Galbis y Lydia Collantes de Terán Arroyal
Corrección: María F. G. Llamas y Susana del Olmo Ciria
Documentación y selección fotográfica: Marina León-Sotelo Barbera

Fotografía: A. Toril; C. Díez Polanco; J. Jaime; J. Lucas; J. V. Resino; S. Padura; 123RF; A. G. E. FOTOSTOCK/Xavier Subias, José Fuste Raga; ALBUM/20TH CENTURY FOX; CENTRAL STOCK; EFE/Shawn Thew/EFE/Neswcom/lafototeca.com; EFE/SIPA-PRESS/SOTHEBY'S; GETTY IMAGES SALES SPAI/Michael Ochs Archives, travellinglight, LdF, Photos.com Plus, Image Source, Thinkstock, Mario Guti, Beth Gwinn, moodboard, inFocusDC, Heavypong, FatCamera, altrendo images, efesenko, Blend Images-KidStock, Creative, Imagno; HIGHRES PRESS STOCK/AbleStock.com; I. PREYSLER; ISTOCKPHOTO/Getty Images Sales Spain; J. M.ª BARRES; Vicente Camacho Díaz; EDISTUDIO; MATTON-BILD; SERIDEC PHOTOIMAGENES CD; ARCHIVO SANTILLANA

Textos literarios:
La plaza tiene una torre, de Antonio Machado

Es aconsejable que un adulto supervise el uso que los niños y niñas hacen de internet para la realización de las actividades de este cuaderno que así lo requieran.

Avda. de los Artesanos, 6
28760 Tres Cantos (Madrid)
PRINTED IN SPAIN

ISBN: 978-84-680-1437-1
CP: 877534
Depósito legal: M-6883-2018